TESTAMENT

DU

CARDINAL CHARLES D'ANGENNES

1587

Par le R. P. Dom Paul PIOLIN

Prieur de l'abbaye de Solesmes,
Président de la Société historique et archéologique du Maine.

MAMERS

TYPOGRAPHIE G. FLEURY ET A. DANGIN

1884

(4)

TESTAMENT

DU

CARDINAL CHARLES D'ANGENNES

1587

TESTAMENT

DU

CARDINAL CHARLES D'ANGENNES

1587

Par le R. P. Dom Paul Piolin

Prieur de l'abbaye de Solesmes,
Président de la Société historique et archéologique du Maine.

MAMERS

TYPOGRAPHIE G. FLEURY ET A. DANGIN

1884

Le jeudi 29 novembre 1883, la *Société historique et archéologique du Maine* renouvela son Bureau. Le R. P. Dom Paul Piolin fut élu président.

Le mardi 11 décembre 1883, à la première réunion du Conseil, Dom Piolin ouvrit la séance en adressant à l'assemblée les paroles suivantes :

Messieurs,

Appelé à présider la *Société historique et archéologique du Maine*, il est de mon devoir de commencer par remercier de l'honneur qui m'est fait. Cet honneur, je l'estime si grand que je ne puis croire qu'il s'adresse à ma personne seule et à mes travaux, mais à l'Ordre dont je suis l'humble représentant parmi vous. Cet Ordre tient une place assez notable dans les lettres, et cela depuis plus de treize siècles. Le Maine en particulier a été favorisé par lui : il ne lui doit pas tous ses écrivains, tous ses hommes illustres, il s'en faut ; mais il lui en doit beaucoup. Nous n'avons que deux pas à faire hors de cette salle pour rencontrer un monument qui fut au XVIIe et au XVIIIe siècle l'un des foyers les plus actifs des travaux littéraires. Je m'abstiens d'énoncer des noms propres ; je serais trop long, trop embarrassé de choisir ; et d'ailleurs vous les connaissez tous.

Ces hommes, qui sont autant la gloire de la France que de l'Ordre auquel ils appartiennent, demeurent les véritables ancêtres de tous les historiens, de tous les archéologues chrétiens, pour nous tenir dans les branches des études qui nous touchent de plus près ; aussi avaient-ils pour devise ce mot recueilli de la bouche du divin Maître : *Pax*. Ce mot, comme eux, je l'ai dans le cœur plus encore que sous ma plume. J'espère au besoin vous en donner la preuve. Notre Société se tenant ferme, comme elle l'a fait jusqu'à ce jour, dans le domaine de l'histoire et de l'archéologie, ne connaîtra pas les sujets qui, d'ordinaire, jettent la division entre les hommes.

J'ai un second devoir à remplir, et il m'est doux de m'en acquitter. C'est d'exprimer à M. Eugène Hucher nos sentiments de gratitude pour les services qu'il a rendus à notre Société. Sa grande et juste renommée d'érudit et de lettré lui facilitait une tâche difficile pour tout autre. Nous regrettons que sa santé affaiblie ne lui permette pas de continuer à occuper le poste qu'il a rempli avec tant d'avantage pour nous. Qu'il nous soit du moins permis d'espérer que, restant toujours président honoraire, il ne cessera pas d'enrichir la *Revue* de ses précieuses communications. Mais je ne reviendrai point sur les services passés, je ne pourrais que répéter ce que nous a dit M. Bertrand, et sans espoir de le dire en d'aussi bons termes.

Si notre œuvre a obtenu les succès que nous connaissons, il est juste d'en rapporter le mérite en grande partie aux efforts des membres du Bureau. Je suis sûr de remplir les intentions de tous les associés en leur rendant ici ce légitime témoignage.

Messieurs, je ne fatiguerai pas davantage votre attention ; fasse le Ciel que nous travaillions avec fruit, et dans l'union des cœurs, à mieux faire connaître l'histoire et les monuments de notre chère province du Maine !

TESTAMENT

DU

CARDINAL CHARLES D'ANGENNES

1587

TESTAMENT

DU

CARDINAL D'ANGENNES DE RAMBOUILLET

ÉVÊQUE DU MANS

1556-1587

Est-il dans l'histoire de notre patrie et spécialement dans celle de notre province du Maine, une époque plus féconde en événements tragiques que la seconde moitié du XVIe siècle ? Il faut sans doute faire une exception au sujet des dernières années du XVIIIe siècle ; mais cette exception est moins sensible que ne le croit la grande majorité des lecteurs, comme on peut s'en convaincre en parcourant seulement la carrière si agitée de Charles d'Angennes de Rambouillet qui, occupa le siège épiscopal du Mans durant trente-un ans, de 1556 à 1587.

Je ne parlerai pas de l'illustration de sa naissance. La famille d'Angennes se trouve intimement unie aux de Coesmes, dont M. Victor Alouis nous a entretenus d'une manière si intéressante, il y a peu de temps. J'espère d'ailleurs revenir bientôt sur cette famille avec de nouveaux documents.

Charles d'Angennes naquit le 20 octobre 1530. Il eut pour père Jacques d'Angennes, seigneur de Rambouillet, favori du roi François 1er, capitaine de ses gardes du corps, et depuis des rois Henri II, François II et Charles IX, lieutenant-général de leurs armées et gouverneur de Metz, ambassadeur en Allemagne en 1561. Sa mère, Isabeau Cotereau, était fille et héritière de Jean Cotereau, trésorier et surintendant des finances de France.

Il n'avait que vingt-six ans lorsque le roi Charles IX, ou plutôt Catherine de Médicis, le nomma à l'évêché du Mans, mais il avait déjà fait connaître les hautes qualités dont il était doué. Après différents incidents qui n'ont pas place ici, Charles d'Angennes prit possession de son siège le 12 octobre 1559, et fit son entrée solennelle au Mans le 2 octobre de l'année suivante. Déjà le pays était en fermentation par le fait des calvinistes qui ne cessèrent de provoquer les catholiques et usèrent de violence à l'égard des objets sacrés que ceux-ci vénéraient. Dans ces circonstances difficiles, Charles d'Angennes fit son devoir, et les calomnies de l'historien de Thou ne parviendront pas à flétrir sa mémoire ; elles sont d'ailleurs réfutées par des auteurs protestants qui disent absolument le contraire du trop fameux historien.

L'évêque du Mans se trouva présent à la conclusion du concile de Trente en 1563, et il fut envoyé en ambassade auprès du pape saint Pie V, en 1568. Quelques auteurs disent qu'il fut seulement chargé d'affaires et n'eût pas le titre d'ambassadeur. Quoi qu'il en soit, le pape le créa cardinal du titre de Saint-Jérôme-des-Esclavons, titre qu'il changea ensuite pour celui de Sainte-Euphémie en 1570. Il fut le seul des cardinaux de France qui assista en 1572 au conclave pour l'élection de Grégoire XIII, auprès duquel il resta en qualité d'ambassadeur du roi de France. Il n'abandonnait pas néanmoins le soin de son Eglise du Mans. Il se trouva présent en 1585 au concile de la province de Tours, dont il souscrivit les actes. En 1583 il assista au conclave pour l'élection de Sixte V qui lui donna le gouvernement de Corneto.

Charles d'Angennes y mourut le 23 mars 1587, à l'âge de cinquante-six ans, quatre mois et vingt-quatre jours. Il fut inhumé dans l'église des franciscains de l'Observance, où l'on voit encore son épitaphe.

Les circonstances de sa mort sont très obscures. Le Corvaisier les a rapportées d'après les récits du chanoine Gasseau qui avait été attaché à la personne du cardinal et avait vécu dans son intimité jusqu'à la fin. Au commencement de mars 1587, raconte Gasseau, Charles d'Angennes se sentit attaqué d'une légère indisposition, et se rendit à Corneto. Il avait congédié la plupart des Français qui composaient sa maison, et se trouvait environné de serviteurs italiens. Du nombre était un certain Claudio Lupi, son *maître* de chambre et en même temps son homme de confiance. Le cardinal avait fait un testament en faveur de son neveu, Christophe de Rantigny, de ce Claudio Lupi et de ses autres domestiques, au nombre de cent à cent vingt.

Claudio Lupi ayant lu ce testament par une ruse coupable, se persuada que son maître avait formé le dessein de renvoyer les Italiens et de rappeler les Français. Il fit entrer ces soupçons dans l'esprit des autres domestiques, et surtout du médecin et de l'apothicaire, et ils résolurent de l'empoisonner. Ce fut au moyen d'un lavement qu'ils exécutèrent leur crime. La violence du mal faisant pousser au malade des cris perçants, ils craignirent que l'attention de Gasseau ne fut éveillée, et Claudio Lupi, feignant de le soutenir dans ses bras, l'étrangla.

Il est certain que le récit de notre chanoine Gasseau se trouve confirmé par tous les historiens français et italiens, le P. Anselme, Moreri, Petramellari, Ciaconi, Ughelli, Frizon, Cabrera, Aubry, Pallatio. Il est aussi conforme aux données du testament. Ce testament, tous ces auteurs y font allusion, mais aucun ne le publie. Ayant eu la bonne fortune de le rencontrer naguère dans les archives de la famille d'Angennes, je me suis empressé de le transcrire, et je l'offre à la *Revue historique du Maine*, où il semble avoir sa place naturelle.

Dom Paul PIOLIN.

In nomine Patris et Filii et Spiritus Sancti. Amen.

C'est entre tous les hommes, raisonnablement à ceulx qui sont visités de continuelles maladies, à penser de bonne heur à leurs affaires et disposer de leur maison. Aiant motif de croire plus tost qu'aultrement que l'heure qui par ordonnance et voloncté de Dieu nous est incongneue, ne peult guere tarder a venir.

Quand doncque il plaira a Dieu m'appeler, je supplie tres humblement sa divine maiesté reprendre l'ame qu'il ma donnée purger et netoier par les mérites du sang et passion de son fils Jesus-Christ, prieres et intercession de la glorieuse vierge Marie, tous les saincts et sainctes du paradis autant que peult et doit espérer de son infinie misericorde, ie pauvre et miserable pecheur que je suis. Et quant a mon corps aiant a retourner d'où il est venu attendant lheureuse iournée si Dieu plaict de sa resurrection, ie desire et ordonne quil soict enterré en quelque eglise des plus notables et asses proche du lieu ou ie serai appelé a meilleure vie sans le transporter bien loinct et ce selon l'advis et ordonnance de ceulx que cy après ie nommerai executeurs de ceste mienne dernière volonctè et testament.

Dans l'eglise ou ie serai enterré i'ordonne qu'il sy fasse une sepulture selon l'advis et desseing des mesmes exécuteurs de mon testament, en laquelle on despense jusqu'à la somme de mille escus et non plus. A la mesme église ie donne mille escus les quels seront emploiez par les mesmes executeurs de mon testament aussy tost que ie serai enterré, en choses et revenus non vacables à la charge que pour tousiours et pour iamais a l'advenir, au iour semblable que celui qu'il aura pleu à Dieu de m'appeler il se fasse et celebre ung anniversaire solennel, avecques messes haultes, suffrages et solennités que ordonneront les mesmes executeurs de mon testament, et que pour mon enterrement on n'entre poinct en grandes despenses.

Plus i'ordonne qu'aussy tost que ie serai mort toute ma famille et serviteurs domestiques soient habillés et vestus chacun selon sa qualité et que tous soient nourris et defraiez comme de mon vivant par quarante iours entiers. J'ordonne et institue pour mes heritiez universels mes frères et sœurs et leurs enfants et descendants qui, selon les loix et coustumes de France et des lieux ou sont assis et situez mes biens, aient à me succéder. Et me sentant obligé de bienveillance et affection de quelques miens amis comme aussi pour n'emporter poinct quante moi les peines, travaulx et sueurs de mes serviteurs qui de mon vivant et durant mes maladies m'ont servi, secouru et assisté en mes besoings et necessitez et pour l'esperance que i'ay qu'ils continueront jusques à la fin, ie donne a mon neveu Christophle de Ravenel, appele Gorgosson, fils du feu sieur de Rantigny et de ma sœur Françoise d'Angennes la somme de quarente mille escus, et quant à mes serviteurs, à ceulx qui au iour et temps de ma mort et trespas seront à mon service en quelque lieu que ce soit, ie leur donne et laisse comme il sensuit : a Claude Lupi, mon maistre de chambre, dix mille escus, tout le linge qu'il a en charge de ma personne et de ma chambre, pour cinq cents escus de meubles, lesquels dix mille escus ie veulx qu'ils soient les premiers prins et qu'il choisisse sur tout mon bien de telle quantité et nature qu'il vouldra ; à messer Francesco Prampi, mon maiordome, quatre mille escus ; au chevallier Jacomo Bracciolini deux mille escus ; à Josefo Zitelli deux mille escus ; à Placido Placidi deux mille escus ; à Monsr Thomas chevallier mille escus ; à Valerio Stefanucci mille escus ; à Philibert Letourneux mille escus, à Archangelo Magi cinq cents escus ; à Francesco Nauronia cinq cents escus ; à Mathurin Besnier, dict Madenon, cinq cents escus ; à Bertheau Rinasson, dict le Boteleur, cinq cents escus. Et d'autant que i'ai quelques aultres serviteurs desquels pour le peu de tems qu'ils sont à mon service ou pour aultre raison, ie ne puis promptement si bien cognoitre les merites qu'il seroit de besoing, ie donne et laisse la somme de six mille escus qui sera dispensée par l ordonnance des executeurs de nostre dict testament entre eulx et ceulx qui seront venus à mon service depuis la déclaration de ceste nostre dernière voloncté et testament. Ordonnons qu'advenant qu'aucun de nos dons et legats cy dessus n'oit et sortisse son plein et entier effect pour raison ou cause que ce soit, iceluy soit emploiez pour suppléer et fournir a nos aultres dons, légats, benefice et accroissement de nos aultres legataires ci-dessus nommez, en ce non comprins mon nepveu Christophe de Ravenel; car nostre intention est qu'il accroisse aux legataires particuliers sans que nos heritiez y puissent rien prétendre.....

(Après avoir pris les précautions pour assurer le paiement de ces legs, il continue :)

Je supplie tres humblement Monseigneur le cardinal d'Este continuant les graces et faveurs que i'ai tousiours receues de luy, me faire ce bien et honneur d'accepter la protection et execution de ce mien testament, duquel i'ordonne executeurs soubs son auctorité le s[r] Ant. Mar. Zarragua à qui ie donne pour cinq cens escus de vaisselle d'argent et messire Francesco Prampi, mon maiordome, tous ensemble et chacun d'eulx à part, et voulons qu'ils aient pleins pouvoirs... ipso facto etiam hæreditate non adita, car nous ne voulons poinct qu'en nos biens d'Italie et cy-dessus declarez, nos frères ny heritiez susdits aient aultrement à s'ingerer ny entremettre.... et en default de tous les dessus nommés executeurs députons Monsieur l'auditeur de la Chambre apostolique qui sera pour lors au mesme effect... Et cecy est nostre dernière voloncté. En force, vertu et vigueur des pouvoirs et facultés qui nous ont été accordez et concédez de la saincte mémoire du pape Gregoire XIII. Et ainsy disposons, distribuons et ordonnons en tout et par tout comme cy dessus omni meliore modo.

Datum in ædibus nostris Romæ, die sexta novembris 1585.

Ego Carolus d'Angennes, episcopus cenomanensis Sanctæ Romanæ Ecclesiæ Cardinalis Rambouillettus nuncupatus, manu propria.

Extraits de la Revue historique et archéologique du Maine.

1883-1884

Mamers. — Typ. G FLEURY et A. DANGIN. — 1884.

www.ingramcontent.com/pod-product-compliance
Lightning Source LLC
LaVergne TN
LVHW010344230826
846091LV00009B/4026

* 9 7 8 2 0 1 9 2 1 4 0 1 2 *